Kurt Scharf

Tage und Nächte

Bibliografische Information der Deutschen Nationalbibliothek:
Die Deutsche Nationalbibliothek verzeichnet diese Publikation in der Deutschen
Nationalbibliografie; detaillierte bibliografische Daten sind im Internet über
www.dnb.de abrufbar.

Herstellung und Verlag: BoD – Books on Demand, Norderstedt
ISBN

Vorspruch

Schweigend geh ich, träumend, über Land.
Silbern senkt sich Nebel auf die Fährten;
weil auch andre schreiten, mir bekannt,
in die Wälder, die von uns verehrten.

Weltenwirr und zögernd fällt die Nacht.
Sonderbar, wir wählen nur Fragmente,
ungewisser Augenblicke Macht.
Unser Blut zahlt stündlich Alimente.

Verlust

Alles lärmt

Jeder Vogel singt. Kein Dichter ist still.
Eine Scheibe zerspringt. Holz wird gehackt.
Chöre klingen, leise und schrill.
Knochen regen sich, im traurigen Takt.

Ein Motor dröhnt. Noch lange nicht Nacht.
Weit weg weint ein Hund. Der Abend steigt.
Herzen schlagen. Nur so, auf Verdacht.
Alles lärmt, alles. Die Liebe schweigt.

Knapp

Kurz vor der Verdammnis
ans Tor noch gepocht,
so kurz vor dem Kerker,
die Freiheit gemocht.

Nicht die Münze geworfen,
keinem Schicksal getraut,
auf der Suche im Wald
neue Hoffnung gestaut.

In der letzten Minute
den Schritt noch gewagt,
die Augen geöffnet
und gesehen: es tagt.

Kurz vor dem Tod,
so kurz vor der Nacht,
sind endlich die Träume
doch noch erwacht.

Alle Krämpfe gelöst
und die Härte erweicht.
Nur ein Augenblick
hat dem Leben gereicht.

Zeitweilig

Es blieb ein Ritt im Wellenspiel,
ein Leben ohne Tod,
als ich ins Meer der Träume fiel,
war es wie Blut so rot.

Es blieb die Wüste leer und hart,
trotz flehendem Gekreisch,
mein Herz, nach langer Fahrt,
war wie ein Stein aus Fleisch.

Es blieben Risse auf dem Glas,
dem Spiegel blanker See,
und als der Stein zum Grund sich fraß,
schmolz schon der letzte Schnee.

Voll Pflanzen steht die Wüste nun,
die Nacht ist mir zerschellt,
und ohne selbst viel dran zu tun,
hat sich der Tag erhellt.

Die Scherbe zeigt des Lichtes Kraft,
so sauber, glatt und rein,
und jeder Schmerz ist abgeschafft.
Von ferne grüßt der Stein.

Kreis

Die Wolken ziehn, die Winde wehn,
es taut der Schnee der Jahre.
Und wenn wir nah am Ufer stehn,
treibt hinten unsre Bahre.

Die Wüste leuchtet, satt und grün,
der Frost in eitler Wärme steckt.
Die Sterne glühen und verblühn,
während ein neues Blatt sich reckt.

Vergessnes Gedicht

Vom Regen gepeitscht,
in den Winden der Nacht,
im eiligen Griff
der seltsamen Macht.

Den Vollmond verschlangen
Wolken, und leer
entschweben die Klänge
dem taumelnden Meer.

Die lächelnde Kerze,
sie bleibt noch bestehn;
so träumst du vom Leben
als ewigem Gehn.

Die winzigen Tropfen
auf deinem Gesicht
sind heiß wie die Tränen,
vergessnes Gedicht.

Gespräch

War es doch mehr, als dünnes Zittern roter Lippen,
nicht hohle Worte nur, die leise lachend
von so heiligen Dingen sprachen, dabei noch
spielerisch mit einem Lächeln winkten, entfachend

kalte Glut, an des Ohres Muscheln drängten,
von dort, das Herz nur streifend, in tote Träume
bohrten, an Trauerschleiern ritzten,
und sich durch feine Risse zwängten?

Ein Geruch, erhaben und warm, kitzelte die taube
Nase, den Schlaf des Jägers unterbrechend,
wie der trunkene Saft einer Traube
in reife Körper sich ergoss, ins Fleisch sich fraß.

Ein sanfter Brand, wohl wissend, dass das Feuer
fröhlich flackern sollte in die weiten Fernen,
in Wirklichkeit nicht mal ein Abenteuer
und nur ein Wunsch, geworfen zu den Sternen.

Herbst

Seh ich dort auf dem Stück Erde,
hingetrieben, trocknes Laub,
nicht mehr hoffend auf die Ferne,
bricht es leise sich im Staub.
Sanft gewiegt wird es vom Winde
in den Schlaf, in Winterruh,
und wie dienstbares Gesinde
deckt die nahe Nacht es zu.

Seh ich dort auf dem Stück Erde
spiegeln sich im Frost ein Licht,
die Gestirne aus der Ferne
strahlen schwach und wärmen nicht,
was der Tag zurück gelassen
von des Sommers lauen Wirren,
durch die leeren Finstergassen
geht ein eisig scharfes Klirren.

Fluch

Sie sind so unbarmherzig froh.
Ihr Lachen: aufgemalt und roh,
aus einem Herz gerissen
(sie fingen es,
verbrannten
und zertraten es).

Versprochen alles versehentlich,
zum Zeitvertreib dem fremden Ich.
Sie werden nie vermissen
(kalt und blass
und ohne
Menschlichkeit).

Zeitlast

Die Tannenspitzen stehen zerzaust
vor dem Sommerhimmelgrau,
als hätte der Sturm in ihnen gehaust
und wäre ihre Haut vom Nebel rau.

Jedoch, es wehte kein Wind
an diesem Tag, hier und heute.
Die kopflosen Äste, sie sind
vergangener Jahre Beute.

Nacht war

Mit Stimmen aus Schnee
schrien große Vögel
ihr Weh
in die Ferne.

Nacht war.
Schönes Gefieder
gab keine Wärme
in ihre Lieder.

So blieb die Stille
schlohweiß,
verzagter Wille
dem Tag.

Fast Winter

Und keine Schmetterlinge,
die am Bahnhof warten.

Und keine bunten Blumen,
die in warme Hände finden.

Und keine leichten Düfte,
die in Nasenflügel steigen.

Nur blasse Ideen,
die an der blanken
Luft
erfrieren.

Fremde

Fremde sind wir doch bei jedem Schritt durchs Leben.
Jeder Augenblick bleibt blass, ein unerforschtes Land,
wird in allen Lächeln, jedem ahnungslosen Beben
unsrer Herzen, neu betroffen, neu zu Leid verbrannt.

Mancher Ort, nach dem wir oft und wieder sehnten,
gibt verändert sich in unsre atemklamme Hand,
gleich einem Baum, den wir als Treffpunkt wähnten
für die Träume, welcher nie im selben Walde stand.

Worte im Wind

1.
Verschweige den nächtlichen Schein,
der zitternden Stürmen gleich
durchbohrte dein kühles Sein,
das Herz verschlang und fiel so weich

auf deine Gedanken. Er trug dich fort
in das Reich verfremdeter Träume.
Am Himmel sind die Wolken verdorrt,
traurig schmutzige Räume.

Ernsthafte Vögel, die sich durch Winde
wühlen, mit süchtigem Blick
zur Hoffnung. Gelobt sei die blinde
Beschaffenheit des Nimmerzurück.

2.

Wer kann sich in alle Herzen treiben?
Das Singen, wenn hörbar, erweckt das Lächeln
der zarten Lippen, verborgen bleiben
scheue Küsse, die sie fächeln.

Der aufgeklärte Wille schwankt zwischen
sanfter Berührung und Angst,
dass dir die goldenen Worte entwischen.
Das blasse Blatt, an das du langst,

durchfurcht die Luft. Fleckige Orte
spiegeln sich schamhaft. Und wieder
drücken sie, reine Gier, die eiserne Pforte
des rissigen Herzens nieder.

Klage

Die graue Burg, zerbrochen von den Winden,
ist nur noch Heimat für ein Lied von Zeit
und Raum, worin wir bald verschwinden
in bodenloser Einsamkeit.

Und jeder Blick wird aufgewogen
mit Sehnsucht, die vorüber treibt,
das Herz wird immer schon betrogen,
und wüste Leere bleibt.

Des Blinden Lied

Vielleicht geht ihr, wie eure Gegenüber,
allein, lebt den Schmalgedanken lieber,
dass eine Nacht in Sternen ihr Genügen
hat und Schatten sind im Sonnenfieber,
wohin sich Wünsche kühl verfügen.

Mir selbst bleibt nichts. Da sind nur Lieder,
und in mein Ohr singt euer Weh sich ein.
Und wie ein Rauschen im Gefieder
von Vögeln – leise fällt es nieder
und schweigt und wird zu Stein.

Hoffnung

Ich bin hier

Leg deinen Schatten über mein Gesicht. Beende
dein stummes Schauen in den frühen Abend, er
ist nun nicht mehr mein.
Mich bestürzen diese Wände.
Der Schlaf lässt mich allein.
So komm doch her.

Von deinen Augen fallen Blüten
auf dunkles Wasser, das da fließt
in mein Herz. Ich bin hier,
die Träume zu vergüten,
dass auch du sie frei genießt
mit mir.

Aus tiefem Grund

Mein Leib wird sanft liebkost in dieser Nacht,
von deinem Blick und deinem warmen Mund,
und ist allein von einem Kuss erwacht,

herausgehoben aus dem tiefen Grund
des bittren Wassers meiner Einsamkeit.
Was mich befallen hatte und war wund,

ist nun gelindert und vom Blut befreit.
Ich bin von deinen Lippen mild berührt,
und jedem Augenblick zu zweit.

Du hast zurück mich an das Land geführt,
wo Traum auf Traum heranwächst und gedeiht,
und was wir lieben wurde neu geschürt.

Wir sind jetzt gegen Bitterkeit gefeit.

Brennende Kerze

Sah ich deine blasse, schlanke,
duldsame Gestalt vergehen,
träumte ich, die reine blanke
Haut in deinem Licht zu sehen,

träumte von zwei schmalen Schatten,
die, stumm tanzend an der Wand,
innig sich umschlungen hatten,
selbst umfangen vom Gewand

einer flüchtig-zarten Wiederkehr,
welche sich, gereckt empor, verlor
und schwieg und fiel so schwer,
mehr als je an diesem Ort zuvor.

Heute

An mir hängen nicht
die langen Jahre.
Was ich erfahre,
was mich sticht,

ist nur Augenblick:
ein stiller Moment,
der uns trennt.
Mir reicht zum Glück

heute ein kleines
Lippenspiel
als Tagesziel.
Morgen ist keines.

Der Walzer
Bronzeskulptur von Camille Claudel

Als fliehe sie den Kuss, das leise Streifen
von seinen Lippen, zeigt sich ihr Haupt.
Doch scheint dies Zögern ein Begreifen
um das unweigerliche Reifen
von süßer Fracht zu sein, die bald beraubt
der blühend jungen Kraft zu Boden fällt.

Sein Körper spürt den Schmerz, das stille Weinen
in ihrem Herzen, und hält sie sanft.
Wenn beide in einer reinen
und tiefen Liebe sich vereinen,
ist doch ihr Reigen eingehüllt in Angst,
die dieses Paar in einer dunklen Welt

in Traurigkeit und Tod gefangen hält,
dass ihrer Liebe nur der Tanz noch bleibt:
ein Tanz so endlos dauernd wie die Zeit,
die einzig sich als Ziel das Leben stellt.

Abend am Fluss

Die moorigen Wiesen
öffnen die Pforten,
verschlagene Nebel
entsteigen den Orten.

Die Schatten der Bäume
sind längst noch nicht kahl,
die Stimmen im Schilf
erklingen fahl.

Die gläserne Luft
hat die Lippen berührt,
erwachender Traum,
aus dem Licht geführt.

Das Wasser gekräuselt,
flachsblondes Haar,
die Sonne verbrennt
hinter dem Schwanenpaar.

Blätterfall

Sieh, jede Stunde fliegt an uns vorüber,
wie graue Gänse die hier nichts mehr hält.
Wir sind in einen neuen Tag gescheucht,
der unbekannt vor unsre Füße fällt.

Wenn wir des nachts bei müdem Schein
beisammen sitzen und uns Worte rauben,
gehören wir dem Herbst, dem Blätterfall,
und wollen doch dem Sommer glauben.

Mit jeder Kälte wähnen wir uns klüger,
und wechseln in die nächste Jahreszeit.
Wir lächeln, wenn wir etwas sagen,
von Sehnsucht immer schon befreit.

Reisende

Sind wir nicht alle irgendwie vertrieben,
Gedanken nur und Wünsche an die Tage
und arm? Uns fliegt die Stunde, die wir lieben,
davon als ob der schnelle Wind sie trage,
und bleibt ein leerer Traum, ein scheues Glück.

Wir stolpern, suchend wie unheilbar Blinde,
dem Leuchten zweier Augen nach, dem Munde
der uns berührte wie des Baumes Rinde,
und suchen neu die immer süße Stunde,
die sanft in Dunkelheit geborgen flieht.

Wer?

Wer hat des Bösen Namen erdacht,
und wer verriet das eigene Herz,
wer hat die Nacht nur einsam verbracht,
wer stieg, sich hassend, himmelwärts,

wer schrie am Ende von fremdem Verrat
und hatte doch nimmer den Anfang gesehn,
wer glitt um Tiefen vergangener Tat
und blieb in den Dingen, sie zu verstehn,

wer sprach von Verlust, den selbst er bestellt,
wer hatte Recht und es war ihm egal,
wer lief einsam durch die eisige Welt
und verlor seinen Mut? Du warst es einmal.

Tag

Du streifst mich und verschwindest leise,
schenkst mir ein Lächeln noch im Gehen,
doch weiß von deiner Weltenreise
ich nur des treuen Abschieds Weise:
ein letztes Licht, das zu verstehen,
zu halten mir die Zeit nie bleibt.

Still flieht, was ich so gern berühren,
erkennen möchte – dein Gesicht.
Ich ließ vom Monde mich entführen,
und wollte seinen dunklen Atem spüren,
doch dich verrate ich nun nicht
der Nacht, die immer uns entzweit.

Ich warte stets auf deinen ersten Blick,
und fürchte doch, du kehrst nie mehr zurück.

Zuspruch

Es ist viel mehr, was wir begehren.
Ich frage dich: bist du mir gleich?

Viel mehr, als gleißendes Gehänge,
mehr als der Weisheit strenge Enge.

Genügt uns nicht ein Tag am Teich,
ein Kuss und wilde Stachelbeeren?

Die beiden

Sie gingen, zwei umschlungene Gestalten,
und ihre Schatten waren eins an jeder Wand.
Die Schritte, die durch leere Straßen hallten,
zerfielen sanft und blieben unerkannt.

Einander hielten sie, und so belohnt,
war ihnen jeder Blick ein Schwur.
Laternen wurden Sterne, wurden Mond,
die kahlen Wege Wald und freie Flur.

Sie wollten nie zu fest sich fassen,
sich niemals Fessel sein und Kette.
Sie haben, liebend, Wärme zugelassen
in einer Welt, die sonst nur Kälte hätte.

Vor dem Erwachen

Ist dieser Traum nicht
so sanft und zärtlich wie ein Mund?
Dann will ich nur den heimlichen Genuss,
will nichts als einen ungetanen Kuss
und Licht das ohne Ende brennt
auf meiner Haut und bis zum tiefen Grund.

Ist dieser Traum nicht
ein Schmerz, niemals müde, der nie geht?
Gekleidet in weichere Gewänder,
führt mich der Weg in unsichtbare Länder,
doch bleibt das Spiegelbild mir fremd,
ein Schatten nur, der mir zur Seite steht.

Frage

Warum ich mich in jene Nacht begab,
wo nur der Wintergänse Schrei
ins Dunkel fiel?
Die Stunde ging vorbei.

Im frühen Licht am müden Meer,
an stiller Stelle,
sahen Bäume
von der Böschung her.

Beginn

Vorhaben

Ich würde dich küssen.
Schon weil deine Augen
die Ungeduld streifen,
würde ich das müssen.

Ich würde dich fassen.
Schon weil deine Lippen
mein Lächeln begreifen,
könnte ichs nicht lassen.

Den Hauch einzufangen,
die Regung erlangen
der Luft, die leichter wäre

im Übermut der Stunden –
wir wären uns verbunden,
an Bord der Sommerfähre.

Schattenvogel

Die Dächer der Stadt
brennen wie Scheite.
Schattenvogel singt
sein Lied als Fraß
für die Abendflammen.

Aber die Nacht
wird kommen.

Endlich

Wellen
zerschellen
an Land.

Die schmale
Lichthand
strahlt fahle

Streifen.
Endlich
kann ich

begreifen.

Gewinn

Der Tee steht auf dem Tisch.
Das Reh steht auf der Wiese.
Die Luft ist hier sehr frisch.
Das Reh heißt Anneliese.

Am Wasser ist was los.
Die bunten Enten tauchen.
Der Mond scheint riesengroß.
Der Schwan beginnt zu fauchen.

Heimkehr

Er hatte leise sich verlassen,
die trüben Augen abgewandt,
und an den blassen Wasserstraßen
hielt ihn das Leben in der Hand.

An seinem Fuß die Gräser brachen
so still. Doch da gewahrte er
in dieser Stille einen Nachen
und seiner Jugend Wiederkehr.

Unschuld

Nur einmal musst du mich erreichen,
ein einzig Mal das Wagnis tragen,
und wie ein Wind, wie Sternenlicht
des nachts an meine Tür dich wagen.

Du musst dich heben aus den Straßenspuren,
nicht Schatten sein den niemand kennt.
So will ich dreist in deine Augen schauen,
und bleibe doch von dir getrennt.

Der Preis ist hoch – dein buntes Kleid,
es wird dem Feuer übergeben;
nun kannst du ohne falsche Scham
die Unschuld weben in mein Leben.

Inhalt

Hoffnung

Beginn